———

———

PRIX : 0.40

Les Impôts en Prusse

Impôts directs : 1° d'Etat : 2° Communaux

(L'Impôt sur le Revenu)

PAR

Camille BERNARD

Professeur d'Allemand à l'Ecole de Commerce et d'Industrie de Limoges

Officier d'Académie

LIMOGES

Imprimerie-Papeterie Joseph RIPPE, 15, Rue Pont-Hérisson

Les Impôts en Prusse

Impôts directs : 1° d'Etat : 2° Communaux

(L'Impôt sur le Revenu)

PAR

Camille BERNARD

Professeur d'Allemand à l'Ecole de Commerce et d'Industrie de Limoges

Officier d'Académie

LIMOGES

Imprimerie-Papeterie Joseph RIPPE, 15, Rue Pont-Hérisson

Les Impôts en Prusse

I. — Avant = Propos

La réforme de l'impôt est une des justes préoccupations des pouvoirs publics, car notre vieux système fiscal qui a eu du bon sous d'autres régimes et qui, à un moment donné, a pu nous rendre de réels services, ne répond plus aux exigences de notre état social actuel. Les réformes, votées par la dernière législature, ne suffiraient pas et ne constitueraient pas un progrès certain si une démocratisation de l'impôt n'en était la conséquence inéluctable. Il faut, en effet, une plus équitable répartition des charges fiscales entre tous les citoyens qui profitent de l'existence de l'État et des garanties qu'il donne à la société. Il faut aussi ne plus voir subsister, dans notre législation, plusieurs de nos impôts actuels, nettement antidémocratiques :

A) *L'Impôt mobilier* est un impôt sur le loyer ou, plus exactement sur le revenu que le chiffre du loyer fait présumer. Malheureusement, la présomption n'est pas toujours justifiée : il n'est pas rare que, de deux individus ayant le même revenu, l'un soit contraint, par exemple, s'il a une famille nombreuse, de payer un loyer beaucoup plus élevé que ne le fait l'autre.

L'impôt mobilier prête donc à de sérieuses critiques.

B) *L'impôt sur les portes et fenêtres*, qui vise encore le logement, a le tort de frapper ce qu'il faudrait encourager : la bonne distribution de l'air et de la lumière dans les constructions.

Tout le monde, d'ailleurs, est à peu près d'accord sur l'urgence de la réforme fiscale, mais les divergences apparaissent quand il s'agit du principe fondamental d'après lequel elle sera faite.

Les uns voudraient que chacun supportât une partie de l'impôt exactement proportionnelle à l'avantage qu'il tire personnellement des dépenses de l'Etat. Ces partisans de la proportionnalité se divisent en deux groupes : le 1er taxe les contribuables proportionnellement à leurs revenus (100 francs uar exemple pour 1.000 francs de revenus ; 200 francs pour 2.000, etc.). — Le 2e groupe qui définit l'impôt :

« L'ensemble des frais généraux d'Exploitation du Capital national » — estime au contraire que l'impôt doit être proportionnel au capital. D'autres, adversaires de l'impôt proportionnel sur le revenu, reconnaissent bien que chacun doit payer l'impôt à raison des revenus qu'il perçoit ; mais, au principe de l'impôt proportionnel, ils opposent celui de l'impôt progressif. L'équité, disent-ils, veut que l'on s'attache non à proportionner les charges aux facultés de chacun mais à égaliser pour tous le sacrifice à faire. Ils proposent donc de prélever sur le revenu du contribuable un tant pour cent d'autant plus élevé que ce revenu est plus considérable. Si, par exemple, celui qui a 1.000 francs de revenus paie 50 francs ou 5 %, celui qui en a 10.000 paiera 10 %, celui qui en a 100.000 15 %, etc., etc.

Je n'insiste pas davantage, parce que mon but n'est pas de faire l'étude complète des divers systèmes appliqués jusqu'ici ou proposés par les partis politiques. Je tenais seulement à indiquer, très sommairement, les principaux points sur lesquels portent les divergences de la réforme, sans entrer dans l'examen des critiques auxquelles ont donné lieu le système des taxes multiples ou celui de l'impôt unique sur le revenu.

Parce qu'il est beaucoup parlé de l'impôt sur le revenu avec ses modalités (impôt unique et progressif, impôt complémentaire de redressement) et parce qu'on nous cite souvent l'exemple de l'Allemagne monarchique dotée de l'impôt sur le revenu, je désire surtout faire connaître les résultats d'études que j'ai faites au mois d'août 1906, sur les « Impôts en Prusse », dans trois grandes villes de la région Rhénane : Cologne, Bonn, Dusseldorf.

Grâce à l'aimable accueil des autorités et fonctionnaires spéciaux auxquels j'ai dû m'adresser, je suis en mesure de donner des renseignements très précis.

Le lecteur pourra comparer avec la législation fiscale française et retenir, ce qu'il y a de bon et de pratique dans le système fiscal prussien.

II. — Les Impôts en Prusse

De même qu'en France, il existe en Prusse des impôts *directs* et *indirects*, perçus : les uns au profit de l'Etat, les autres pour les communes.

A. - Impôts d'Etat (Staatssteuern)

Directs.....
- 1° *Impôt sur le revenu* (Einkommensteuer).
- 2° *Impôt sur la fortune acquise* (Vermögen's = oder Ergänzungssteuer).
- 3° *Impôt de patentes* percu sur les commerçants *ambulants* (Hausiersteuer).

Indirects...
- Impôt du timbre — Impôt sur la fabrication des bières. — Impôt sur les cigarettes — Droits de sucession, etc.

B. - Impôts Communaux

Directs.....

1° *Impôt sur le revenu.*

2° *Impôt sur la propriété foncière non bâtie* (Grundsteuer).

3° *Impôt sur la propriété foncière bâtie* (Gebaüdesteuer).

4° *Impôt des patentes* payé par les commerçants ou industriels ayant un domicile fixe (Gewerbesteuer).

Indirects...

Variables suivant les communes et leurs besoins financiers : Droits de mutation — Droits sur l'organisation de réjouissances (théâtres, représentations artistiques, soirées publiques, etc.) — Droits sur les cartes d'entrée (de 0 *M*. 50 à 0 *M* 05) dans les différents établissements récréatifs — Impôt sur la bière — Impôt sur les chiens — Droits pour l'enlèvement des boues et ordures — Droits pour l'établissement et l'entretien de canaux — Impôts d'Eglise, etc.

Je ne parlerai, dans ce travail, que des impôts directs de l'Etat et des communes, les impôts indirects feront l'objet d'une étude spéciale. D'autre part, je donnerai des indications plus documentées relativement à l'impôt sur le revenu dont l'institution, en France, fait l'objet de si vives controverses, notamment au point de vue de la déclaration.

A. - Impôts d'Etat

1° IMPOT SUR LE REVENU (Einkommensteuer)

L'Einkommensteuer que fit voter M. de Miquel, ministres des Finances, est appliqué dans tout l'Etat prussien, conformément à la loi de 1891 qui sera modifiée, dans quelques-uns de ses articles mais non dans son principe, à partir du prochain exercice budgétaire. Y sont assujettis : les Prussiens, les Etrangers qui ont un domicile en Prusse ou y séjournent plus d'un an, les sociétés par actions, les sociétés en commandite, les coopératives de production quand leurs affaires dépassent le district de leurs membres, les coopératives de consommation, etc.

DECLARATION

Chaque assujetti, ayant plus de 3.000 *M.* de revenus, est dans *l'obligation stricte* de faire, annuellement et sur une feuille *ad hoc*, sans attendre d'y être invité par l'Administration, la déclaration de ses revenus.

Celui qui, jusqu'ici, n'a été imposé que sur 3.000 *M.* ou moins, attend l'invitation de l'Administration pour faire la déclaration dont il s'agit.

Quiconque n'a pas fait sa déclaration, en temps voulu, perd non seulement tout droit de réclamation quand la fixation de son revenu par l'Administration lui paraît trop élevée, mais il peut encore être surtaxé de 25 %, pour le punir de sa négligence.

Si le déclarant donne des indications suspectes il est questionné, à nouveau, par l'Administration, et si une fausse déclaration est faite sciemment, le délinquant encourt une amende élevée, d'un caractère infamant, même applicable à la famille, quand la tromperie n'est reconnue qu'après le décès du délinquant.

Quant aux employés de l'Administration et aux Membres de la commission de déclaration, ils sont tenus, sous peine de prison, au secret professionnel.

ESTIMATION DES REVENUS

Sur chaque formule, il faut inscrire la totalité de ses revenus classés en quatre catégories :

a) Revenu d'un capital ; *b*) Revenu de biens fonciers ; *c*) Bénéfices du commerce ou de l'industrie ; *d*) Salaires ou appointements.

Le capitaliste indique donc les intérêts de son capital à la 1re catégorie ; le négociant inscrit le produit de son commerce à la 3e catégorie ; l'ouvrier et l'employé mentionnent leurs salaires à la 4e catégorie.

Mais s'il est facile à un employé de connaître, à l'avance, le revenu que lui donne son travail, il est impossible à un commerçant de déclarer exactement le produit de ses affaires pour l'année qui va commencer. La loi a prévu ce cas, en fixant le revenu à inscrire la moyenne des trois dernières années.

COMMENT EST DETERMINÉ LE REVENU ?

Faut-il ne tenir compte que de l'argent réellement encaissé et ne pas indiquer ce que l'on reçoit sous forme de logement, de nourriture ou de vêtements ?

La loi stipule expressément que l'employé, logé, nourri et vêtu par son patron, doit ajouter, à ses appointements en espèces, la valeur représentative de ce qui lui est donné sous une autre forme. De même, celui qui habite une maison lui appartenant doit mentionner le loyer qu'il pourrait en retirer. Il est aussi nécessaire d'augmenter le revenu familial de petits gains réalisés par la femme et les enfants ; mais si un enfant a un salaire suffisant, pour le rendre absolument indépendant de sa famille, il est imposé personnellement et doit faire une déclaration séparée.

DEPENSES A DEFALQUER DU REVENU

Les frais généraux du commerçant (loyer, appointements des employés, frais de voyages d'affaires, chauffage et éclairage des magasins ou bureaux, primes d'assurances en cas d'accident, de vieillesse, d'invalidité et de maladie, amortissement de la valeur des machines et du matériel, etc.,) en un mot, tous les frais qui ont pour but l'*acquisition* et la *sécurité* du revenu, doivent être déduits du revenu brut.

Les charges énumérées ci-dessous ne sont pas déduites, mais simplement mentionnées sur la feuille de déclaration : Intérêts des hyoothèques et autres dettes, à l'exception des intérêts des dettes commerciales déjà comptés dans les frais généraux — Rentes auxquelles on est obligé, qu'elles soient acquittées en espèces ou en nature — Contribution personnelle du déclarant aux assurances en cas de maladie, de décès, d'accident, de vieillesse, d'invalidité, etc. — Prime d'assurance sur la vie jusqu'à 600 *M* au maximum, avec indication de la société d'assurance et du numéro de la police.

LA PROGRESSION DE L'IMPOT

Tout revenu qui ne dépasse pas 900 *M* est exempt de l'impôt.

_— 11 —_

Le tableau ci-dessous donne le tarif jusqu'à un revenu
de 205.000 *M*. Qu'y constatons-nous ?

De 900 à 1.050 *M*, l'impôt est de 2/3 % ; de 3.000 à
3.300, il est de 2 % ; de 17.500 à 18.500 *M*., il est de 3 % ;
de 100.000 à 105.000, il est de 4 % ; à partir de cette som-
me la progression s'arrête.

L'impôt est donc progressif, mais la progression est
elle suffisante pour atteindre, de façon équitable, les
gros revenus ? Nous réservons cette question.

TARIF DES IMPOTS

Conformément au paragraphe 17 de la loi de l'impôt
sur le revenu ; cet impôt s'élèvera annuellement aux
sommes suivantes pour un revenu.

De plus de	900 *M*	jusque y compris	1050 *M*	Impôt *M*	6^{m}2/3°/°	
—	1050	—	1200	—	9	
—	1200	—	1350	—	12	
—	1350	—	1500	—	16	
—	1500	—	1650	—	21	
—	1650	—	1800	—	26	
—	1800	—	2100	—	31	
—	2100	—	2400	—	36	
—	2400	—	2700	—	44	
—	2700	—	3000	—	52	
—	3000	—	3300	—	60	2 0/0
—	3300	—	3600	—	70	
—	3600	—	3900	—	80	
—	3900	—	4200	—	92	
—	4200	—	4500	—	104	
—	4500	—	5000	—	118	
—	5000	—	5500	—	132	
—	5500	—	6000	—	146	
—	6000	—	6500	—	160	
—	6500	—	7000	—	176	
—	7000	—	7500	—	192	
—	7500	—	8000	—	212	

De plus de		M jusque y compris		M Impôt M	
De plus de	8000	M jusque y compris	8500	M Impôt M	232
—	8500	—	9000	—	252
—	9000	—	9500	—	276
—	9500	—	10500	—	300
—	10500	—	11500	—	330
—	11500	—	12500	—	360
—	12500	—	13500	—	390
—	13500	—	14500	—	420
—	14500	—	15500	—	450
—	15500	—	16500	—	480
—	16500	—	17500	—	510
—	17500	—	18500	—	540
—	18500	—	19500	—	570
—	19500	—	20500	—	600
—	20500	—	21500	—	630
—	21500	—	22500	—	660
—	22500	—	23500	—	690
—	23500	—	24500	—	720
—	24500	—	25500	—	750
—	25500	—	26500	—	780
—	26500	—	27500	—	810
—	27500	—	28500	—	840
—	28500	—	29500	—	870
—	29500	—	30500	—	900
—	30500	—	32000	—	960
—	32000	—	34000	—	1040
—	34000	—	36000	—	1120
—	36000	—	38000	—	1200
—	38000	—	40000	—	1280
—	40000	—	42000	—	1360
—	42000	—	44000	—	1440
—	44000	—	46000	—	1520
—	46000	—	48000	—	1600
—	48000	—	50000	—	1680
—	50000	—	52000	—	1760
—	52000	—	54000	—	1840
—	54000	—	56000	—	1920
—	56000	—	58000	—	2000
—	58000	—	60000	—	2080

3 0/0

De plus de 60000 *M* jusque y compris 62000 *M* Impôt *M* 2160

—	62000	—	64000	—	2240
—	64000	—	66000	—	2320
—	66000	—	68000	—	2400
—	68000	—	70000	—	2480
—	70000	—	72000	—	2560
—	72000	—	74000	—	2640
—	74000	—	76000	—	2720
—	76000	—	78000	—	2800
—	78000	—	80000	—	2900
—	80000	—	82000	—	3000
—	82000	—	84000	—	3100
—	84000	—	86000	—	3200
—	86000	—	88000	—	3300
—	88000	—	90000	—	3400
—	90000	—	92000	—	3500
—	92000	—	94000	—	3600
—	94000	—	96000	—	3700
—	96000	—	98000	—	3800
—	98000	—	100000	—	3900
—	100000	—	105000	—	4000 4 0/0
—	105000	—	110000	—	4200
—	110000	—	115000	—	4400
—	115000	—	120000	—	4600
—	120000	—	125000	—	4800
—	125000	—	130000	—	5000
—	130000	—	135000	—	5200
—	135000	—	140000	—	5400
—	140000	—	145000	—	5600
—	145000	—	150000	—	5800
—	150000	—	155000	—	6000
—	155000	—	160000	—	6200
—	160000	—	165000	—	6400
—	165000	—	170000	—	6600
—	170000	—	175000	—	6800
—	175000	—	180000	—	7000
—	180000	—	185000	—	7200
—	185000	—	190000	—	7400

De plus de 190000 *M* jusque y compris 195000 *M* Impôt *M* 7600
— 195000 — 200000 — 7800
— 200000 — 205000 — 8000

QUI PEUT AVOIR UNE REDUCTION ?

Un père de famille n'a que 3.000 *M*. de revenus. Il peut être autorisé à faire une réduction égale à autant de fois 50 *M*. qu'il a d'enfants au-dessous de 14 ans,.

Celui qui a 2 fils à l'Université et, en même temps, une jeune fille qu'il doit envoyer dans une autre localité pour y apprendre un métier, en un mot, tout assujetti qui, pour l'entretien et l'éducation de ses enfants est obligé de faire de grandes dépenses, peut obtenir une réduction d'impôt pendant 2 ou 3 ans.

De même, en cas de maladie ou de grands malheurs, on peut demander et obtenir son passage dans une classe inférieure de l'échelle des revenus.

— La formule remplie et signée est envoyée, sous enveloppe, à la commission chargée de recevoir les déclarations des imposés.

2° IMPOT SUR LA FORTUNE ACQUISE (Vermögen's = oder Ergänzungssteuer)

Pourquoi cet impôt supplémentaire ? N'eût-il pas mieux valu élever le tarif de l'impôt sur le revenu pour obtenir les ressources nécessaires au Trésor, ou encore augmenter la progressivité pour certaines catégories de revenus ? Le législateur prussien ne l'a pas pensé. Guidé par le sentiment de la justice, il faut bien le reconnaître, il a voulu atteindre la fortune acquise, mais l'a-t-il fait dans des proportions raisonnables ? Entre le médecin qui, vivant de son travail, gagne 5.000 *M*. par an et le rentier qui, possédant 125.000 *M*. de fortune, retire 5.000 *M*. de revenus, il y a une différence très appréciable au profit du rentier.

Le revenu du médecin, peut sensiblement diminuer, quand ses forces le trahissent ou quand la clientèle lui préfère un confrère. A sa mort, ses ayants droit ne trouvent plus trace de ses ressources médicales. Le rentier, au contraire, vit de ses intérêts, qu'il perçoit toujours intégralement ; d'autre part, ses héritiers reçoivent le capital qu'il possédait de son vivant.

Il est donc naturel que le possesseur d'un *capital* et d'un *revenu* paie une taxe plus élevée que celui qui n'a qu'un revenu sans capital.

Or, notre médecin et notre rentier paient chacun : 118 *M*. (pour 5.000 *M*. de revenu). Le rentier paiera, en outre, d'après le tableau ci-contre, 63 *M*. 20 d'impôt sur la fortune acquise. Cette différence de 63 *M*. 20, au préjudice du rentier, est-elle suffisante ? Je laisse au lecteur le soin de conclure.

TARIF DES IMPOTS SUR LA FORTUNE ACQUISE

De plus de	6000 *M* jusque y compris		8000 *M* annu. *M* 3,20
—	8000	—	10000 — 4,20
—	10000	—	12000 — 5,20
—	12000	—	14000 — 6,40
—	14000	—	16000 — 7,40
—	16000	—	18000 — 8,40
—	18000	—	20000 — 9,40
—	20000	—	22000 — 10,60
—	22000	—	24000 — 11,60
—	24000	—	28000 — 12,60
—	28000	—	32000 — 14,80
—	32000	—	36000 — 16,80

De plus de	36000	*M* jusque y compris	40000	*M* annu. *M*	19,00
—	40000	—	44000	—	21,00
—	44000	—	48000	—	23,20
—	48000	—	52000	—	25,20
—	52000	—	56000	—	27,40
—	56000	—	60000	—	29,40
—	60000	—	70000	—	31,60
—	70000	—	80000	—	36,80
—	80000	—	90000	—	42,00
—	90000	—	100000	—	47,40
—	100000	—	110000	—	52,60
—	110000	—	120000	—	57,80
—	120000	—	130000	—	63,20
—	130000	—	140000	—	68,40
—	140000	—	150000	—	73,60
—	150000	—	160000	—	78,80
—	160000	—	170000	—	84,20
—	170000	—	180000	—	89,40
—	180000	—	190000	—	94,60
—	190000	—	200000	—	100,00
—	200000	—	220000	—	105,20
—	220000	—	240000	—	115,80
—	240000	—	260000	—	126,20
—	260000	—	280000	—	136,80
—	280000	—	300000	—	147,20
—	300000	—	320000	—	157,80
—	320000	—	340000	—	168,40
—	340000	—	360000	—	178,80
—	360000	—	380000	—	189,40
—	380000	—	400000	—	199,80
—	400000	—	420000	—	210,40
—	420000	—	440000	—	221,00
—	440000	—	460000	—	231,40
—	460000	—	480000	—	242,00
—	480000	—	500000	—	252,40
—	500000	—	520000	—	263,00
—	520000	—	540000	—	273,60
—	540000	—	560000	—	284,00
—	560000	—	580000	—	294,60
—	580000	*M* jusque —	600000	—	305,00

De plus de 600000 *M* jusque y compris 620000 *M :* an. *M* 315.60

—	620000	—	640000	—	326,20
—	640000	—	660000	—	336,60
—	660000	—	680000	—	347,20
—	680000	—	700000	—	357,60
—	700000	—	720000	—	368,20
—	720000	—	740000	—	378,80
—	740000	—	760000	—	389,20
—	760000	—	780000	—	399,80
—	780000	—	800000	—	410,20

Mais que faut-il entendre par fortune acquise (Ver-mögen) ? Tout ce que possède un imposable, à l'excep-tion toutefois des choses qui contribuent à l'entretien de l'existence (vêtements, installation d'une maison, etc.)

On comprend donc dans la fortune : les biens fon-ciers (bâtis ou non bâtis), le capital engagé dans une exploitation agricole, industrielle ou commerciale, l'ar-gent, les valeurs d'Etat ou autres, l'argent et l'or en barres, les fonds déposés aux caisses d'Epargne, les rentes (pour obtenir le capital, on multiplie la rente par un nombre variable suivant l'âge du titulaire), les hypothèques, les assurances sur la vie non arrivées à échéance (comptées pour les 2/3 de la totalité des primes versées, etc. etc.)

— Les rentes payées par les caisses d'assurances en cas d'accident ou de maladie (que les assurances soient privées ou générales), les rentes payées en cas d'inva-lidité ou de vieillesse (quand elles résultent d'une assu-rance générale et *non privée*), les pensions des emplo-yés d'Etat ou privés, etc., n'entrent pas en ligne de compte pour la constitution de la fortune.

Après avoir déterminé tout son actif, l'assujetti dé-duit son passif composé de toutes ses dettes réelles, à l'exclusion des dettes courantes pour l'entretien du mé-nage, ce qui est rationnel, puisque l'argent dont on se sert pour les dépenses courantes ne figure pas dans l'ensemble de la fortune.

Des fortunes de 20.000 *M*. et au-dessus, dont le propriétaire n'arrive pas à avoir, par d'autres ressources, 900 *M*. de revenu, peuvent être dispensées de tout impôt.

Personne n'est obligé de déclarer sa fortune. L'administration s'arrange comme elle l'entend pour obtenir les renseignements qui lui sont nécessaires.

B. - Impôts Communaux

1º IMPOT SUR LE REVENU (Gemeinde = Einkommenstéuer)

Il est calculé sur l'impôt d'Etat (Staats-Ein.kommen steuer) et il est plus ou moins élevé, suivant les besoins des communes.

A Cologne, il est de 135 % de l'impôt d'Etat sur le revenu ; à Dusseldorf, de 140 % ; à Bonn, 100 %, c'est-à-dire que celui qui paie 100 *M*. d'impôt d'Etat sur le revenu doit payer à sa commune, suivant qu'il habite Cologne, Dusseldorf, Bonn : 135 *M*. 140 *M*. ou 100 M.

2º IMPOT SUR LA PROPRIÉTÉ FONCIERE NON BATIE (Gemeinde = Grundsteuer)

L'Etat s'occupe toujours de la tenue du cadastre et des modifications qui y sont apportées, mais, depuis 1895, cet impôt est perçu par les communes, actuellement presque toujours sur la valeur de la propriété, bien qu'à l'origine les tarifs aient été fixés sur le produit net. Il n'est, d'ailleurs, pas important dans les villes où il n'existe que peu de terrains non bâtis, indépendamment des propriétés communales qui n'y sont naturellement pas assujetties. Le tarif d'Etat n'est que de 2 *M* 50 environ pour une valeur de 50.000 *M* ; toutefois, les communes ont le droit d'élever la taxe fixée par l'Etat.

A Bonn, la taxe sur le produit net est de 150 %de celle établie par le Parlement prussien et, dans certains cas, on prélève 1 *M*. 70 ‰ de la valeur.

3° IMPOT SUR LA PROPRIÉTÉ FONCIÈRE BATIE
(Dié Gebaüdesteuer)

Prélevé aussi au profit des communes, depuis 1895, l'Etat se chargeant toujours de recevoir les déclarations auxquelles sont obligés les possesseurs.

Cet impôt est à peu près de 4 % du produit net (obtenu en faisant la moyenne des 10 dernières années), mais il est réduit à 2 % environ pour les bâtiments affectés à l'industrie. D'ailleurs, les pourcentages ne sont qu'approximatifs, car il existe une échelle de tarifs établie par l'Etat.

Le propriétaire d'une maison d'un rapport de 1.500 *M* doit donc payer environ 60 *M*. d'impôt, — d'après le tarif de l'Etat.

Les communes peuvent aussi le calculer sur la valeur de l'immeuble : A Bonn, 1.70 ‰.

4° IMPOT DES PATENTES (Gewerbesteuer)
COMMUNAL DEPUIS 1895

Le législateur justifie ce nouvel impôt sur un capital et un revenu déjà imposés, par le fait des frais élevés que l'industrie et le commerce occasionnent à l'Etat et aux communes.

L'Etat a fixé une échelle de tarifs, en répartissant les contribuables en 4 classes, que les communes peuvent élever, en répartissant les contribuables en quatre classes.

TARIFS DE L'ÉTAT

1re CLASSE. — Produit : 50.000 *M* ou plus.— Capital : 1 million ou plus. — Impôts : Environ 1 % du produit.

2e CLASSE. — Produit : 20.000 *M* à 50.000 *M*. — Capital : 150.000 à 1 million. — Impôts : plus haut, 480 ; moyens, 300 ; plus bas, 156.

3e CLASSE. — Produit : 4.000 à 2.000. — Capital : 30.000 à 150.000. — Impôts : plus haut 192 ; moyens, 80 ; plus bas, 32.

4e CLASSE. — Produit : 1.500 à 4.000. — Capital : 3.000 à 30.000. — Impôts : plus haut, 36 ; moyens, 16 ; plus bas, 4.

La ville de Dusseldorf prélève 190 % du tarif de l'Etat pour les 1re, 2e et 3e classes et 166 2/3 % pour la 4e classe.

La ville de Cologne a fixé ses tarifs de la façon suivante :

1,35 % du produit net — de 1.500 *M* à 4.000 *M* ; 1,35 % + 1/10 du produit net — de 4.000 *M* à 10.000 *M*. (Capital d'exploitation : 30.000 à 75.000 *M*).

1,35 % + 2/10 du produit net — de 10.000 *M* à 20.000 *M*. (Capital d'exploitation : 75.000 à 150.000 *M*).

1,35 % + 5/10 du produit net — au-dessus.

Au commencement de chaque année, tout patentable doit répondre à un questionnaire qui lui est adressé, en indiquant notamment son genre d'industrie ou de commerce, le nombre de ses ouvriers et de ses commis, les machines qui fonctionnent dans son établissement. Il peut faire connaître la classe à laquelle il appartient, d'après son capital d'établissement ou son revenu. S'il ne le fait pas, des enquêtes sont ouvertes pour fixer la classe dans laquelle il doit être rangé.

En dehors de la patente, chaque restaurateur ou cafetier paie un impôt annuel supplémentaire pour la concession qui lui est accordée. (1re classe : 100 *M*. — 2e classe : 50 *M* — 3e classe : 25 *M* — 4e classe : 15 *M*. — 10 *M* quand il est exonéré de la patente).

III. — Répartition de l'Impôt sur le Peuple Prussien

Des exemples feront connaître, dans quelles proportions de leur revenu, les contribuables participent aux dépenses de l'Etat et des communes.

Impôts directs payés, à *Cologne*, par les assujettis dont l'énumération suit :

1° Employé dont le gain annuel est de 1.500 *M* ;

2° Employé dont le gain annuel est de 3.500 *M*., possédant en outre, un capital espèces de 20.000*M* ;

3° Propriétaire ayant 13.000 *M* de revenus et 100.000 *M* de propriétés non-bâties ; 150.000 *M* de propriétés bâties ; 25.000 *M* argent ;

4° Commerçant ou industriel ayant 17.000 *M* de revenus ; 30.000 *M* d'argent ; 100.000 *M* de propriétés bâties ; 90.000 *M* de capital d'exploitation commerciale ou industrielle, lui donnant 12.000 *M* de bénéfices ;

5° Propriétaire ayant 60.000 *M* de revenus ; 500.000 *M* de propriétés non bâties ; 600.000 *M* de propriétés bâties ; 400.000 *M* d'argent.

Premier exemple :

L'Employé, qui n'a que son traitement de 1.500ᵐ, paie :

A. A L'ÉTAT

4° catégorie de revenus............ 16ᵐ

B. A LA COMMUNE DE COLOGNE

$$\frac{16 \times 135}{100} = 21^m60$$

37ᵐ60

ou $\dfrac{37^m60 \times 100}{1500} =$ 2 1/2 0/0 de son revenu.

Deuxième exemple :

L'Employé qui a 3.500^m de revenus et 20.000^m de capital, paiera :

A. A L'ETAT

Impôt sur le revenu, 12e catégorie
de revenus...................... 70^m

Impôt sur la fortune acquise...... 9^{m}40 } 173^{m}90

B. A LA COMMUNE

Impôt sur le revenu... $\dfrac{70 \times 135}{100}$ = 94^{m}50

ou $\dfrac{173^m90 \times 100}{3500}$ = 4 96 0/0 de son revenu.

Troisième exemple :

Le Propriétaire, dont il s'agit, paie :

A. A L'ETAT

Impôt sur le revenu, 29e catégorie 390^m
Impôt sur la fortune acquise,
275.000^m........................ 136^{m}80

B. A LA COMMUNE

Impôt sur le revenu $\dfrac{390 \times 135}{100}$ = 526^{m}50

Impôt sur la propriété non bâtie,
1.70 par 1.000^m, sur 100.000^m.... 170^m

Impôt sur la propriété bâtie, 1.70
par 1.000^m, sur 150.000^m........ 255^m

} 1478^{m}30

ou $\dfrac{1478^m3 \times 100}{13000}$ = 11 37 0/0 de son revenu.

Quatrième exemple :

Le Commerçant paie :

A. A L'ÉTAT

Impôt sur le revenu, 33ᵉ catégorie. 510ᵐ

Impôt sur la fortune acquise,
220.000ᵐ.......................... 105ᵐ20

B. A LA COMMUNE

Impôt sur le revenu.. $\dfrac{510 \times 135}{100} =$ 688ᵐ50

Impôt sur la propriété bâtie,
100.000ᵐ........................ 170ᵐ

Patente, 12.000ᵐ de bénéfices,
1.35 % 2/10 sur le produit net 194ᵐ40

$\left.\right\}$ 1668ᵐ10

ou $\dfrac{1668ᵐ10 \times 100}{17000} =$ 9 85 0/0 de son revenu.

Cinquième exemple :

Ce propriétaire, ayant 60.000ᵐ de revenus, paie :

A. A L'ÉTAT

Impôt sur le revenu, 61ᵉ classe.. 2.080ᵐ

Impôt sur la fortune acquise,
1.500.000ᵐ...................... 767ᵐ80

B. A LA COMMUNE

Impôt sur le rev. $\dfrac{2080 \times 135}{100} =$ 2.808ᵐ

Impôt sur la propriété non bâtie,
500.000ᵐ à 1.70 par 1.000ᵐ...... 850ᵐ

Impôt sur la propriété bâtie,
600.000ᵐ à 1.70 par 1.000ᵐ...... 1.020ᵐ

$\left.\right\}$ 7525ᵐ80

ou $\dfrac{7525ᵐ80 \times 100}{60.000} =$ 12 54 0/0 de son revenu.

Nota. — Les résultats seraient sensiblement les mêmes, si j'avais pris mes exemples à Bonn et à Dusseldorf.

Les pourcentages des numéros 1, 2, 3 et 5, relatifs à des revenus de même nature, sont *progressifs*. Le numéro 4 interrompt la progression, parce qu'il s'applique à des revenus constitués surtout par l'exercice du commerce ; il semble juste, d'ailleurs, que ces bénéfices si aléatoires du commerce et de l'industrie ne soient pas aussi fortement imposés que les propriétés dont le revenu est plus certain. Mais on constaterait aussi la progression ascendante si je n'avais pris que des exemples d'assujettis ayant, avec d'autres revenus de même source mais d'importance différente, des bénéfices réalisés dans une situation commerciale ou industrielle : j'ai fait remarquer, en effet, que l'impôt des patentes est aussi progressif.

La Prusse a donc cet impôt progressif que de grands penseurs, imitant en cela Montesquieu et J.-B. Say, préconisent aujourd'hui en France.

Faut-il critiquer la législation prussienne ou l'approuver sans restriction ? Le lecteur se fera une opinion, je l'espère, par la comparaison des taxes sur les ressources que j'ai énumérées.

S'il est partisan de l'impôt unique sur le revenu, le système prussien n'est pas son idéal ; mais il n'en appréciera pas moins l'excellence du principe de l'impôt sur le revenu tel qu'il est appliqué en Prusse, si le tarif de l'impôt était moins élevé pour un revenu ayant un caractère alimentaire : or, avec les exigences de la vie moderne et la dépréciation des monnaies, il n'est pas excessif de dire qu'un revenu de 2.000 *M* présente le caractère alimentaire pour une famille, vivant modestement dans les conditions d'hygiène indispensables à la prolongation de la vie humaine. On pourrait réduire à 15 *M* l'impôt sur le revenu pour un revenu de 2.000 *M*. Il serait d'ailleurs possible d'avoir le même rendement de cet impôt, en augmentant la progression actuelle pour les revenus qui permettent à leurs détenteurs de mener une vie plus large, quelquefois même peu compatible avec une bonne distribution de la richesse.

Si l'on compare celui qui vit modestement d'un labeur acharné à quiconque a plus de 5.000 M (chiffre au-dessus duquel on pourrait élever la progression), on comprendra facilement qu'il ne serait pas exagéré de demander 200 M au lieu de 146 à toute personne ayant 6.000 M de revenus. De même, serait-il moins superflu d'imposer de 3.000 M au lieu de 2.080, celui que les circonstances ont favorisé de telle façon qu'il détient une revenu de 60.000 M ? Que l'on substitue des francs aux marks et on pourra se faire une idée précise de ce que serait l'impôt sur le revenu en France, s'il fonctionnait comme en Prusse.

IV. — Conclusion

Est-ce à dire que tout soit pour le mieux et réussisse à contenter tous les contribuables prussiens ? Je ne saurais l'affirmer. J'ai enquêté dans la plupart des classes de la société de Cologne, Bonn et Dusseldorf, dont j'ai reçu les plaintes timides.

Tous trouvent qu'ils sont surchargés d'impôts et que les lois les frappent injustement.

Comment en serait-il autrement ? N'est-ce pas aussi le cri unanime des contribuables français ? Qui prétendra qu'il soit agréable de donner à l'Etat une partie des revenus que l'on doit à son intelligence et à son travail, bien que ce soit un devoir, pour tous ceux qui bénéficient des bienfaits d'un état social, de participer aux dépenses qu'il occasionne ?

Mais, contrairement à ce qui se passe en France, les récriminations ne parviennent pas jusqu'au Gouvernement. La presse n'y a pas la même liberté que dans les pays de race latine et l'Allemand, très soumis aux décisions de son Gouvernement, ne trouble pas la quiétude des Pouvoirs publics. Malgré le mécontentement latent, fondé ou injustifié, dont je me fais ici l'écho, le système fiscal prussien est bien plus démocratique que le nôtre. Ne dispense-t-il pas gratuitement l'air et la lumière que notre législation vexatoire fait encore payer, imposant ainsi l'hygiène, la première condition d'une vie saine et agréable ? N'a-t-il pas la progression dans l'impôt, qui se justifie, parce que le riche profite davantage que les autres des garanties données par l'Etat ?

Faut-il en conclure, toutefois, que le législateur français doive se cantonner exclusivement dans le système prussien ? Non, certes, car il n'est pas la perfection, mais il est à désirer que nous sachions prendre tout ce que cette législation a de bon pour l'adapter convenablement à notre pays si différent de la Prusse par le tempérament et le genre de vie des ses habitants.

Je suis bien convaincu, d'autre part, que l'impôt sur le revenu n'effraiera plus mes concitoyens. Pour qu'il en fût autrement, il le faudrait *injuste, dangereux* et *arbitraire*. Il n'est pas injuste, car il proportionne les charges aux garanties obtenues et parce qu'il dégrève ceux qui n'ont qu'un revenu minime. Il n'est pas dangereux, attendu que la proportion des gros revenus qu'il absorberait n'est pas si forte qu'il puisse décourager l'esprit d'entreprise et le goût de l'épargne. Il n'est pas arbitraire, puisqu'on peut très bien déterminer rationnellement la progression susceptible d'égaliser les charges imposées à chacun.

LIMOGES. — Imp.-Pap. Joseph RIPPE, 15, Rue Pont-Hérisson